AF268051

# DU
# GOUVERNEMENT LÉGITIME
## DE LA
# FRANCE

PAR

# UN MAIRE RURAL

Le jour où la France coupa la tête
à son Roi, elle commit un suicide.

E. RENAN, *la Réforme intellectuelle et morale.*

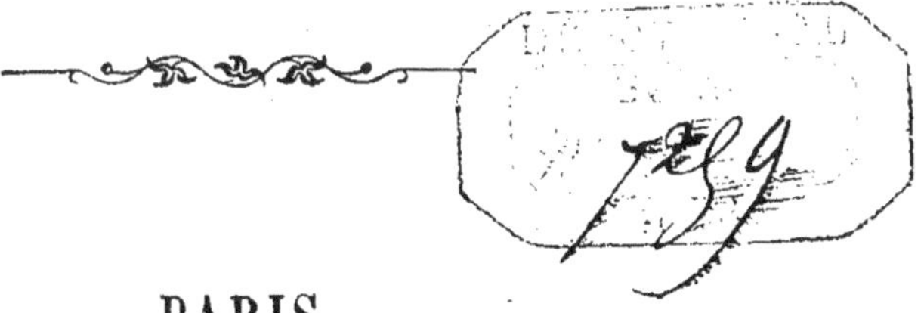

PARIS

# LACHAUD et BURDIN

LIBRAIRES-ÉDITEURS

4, PLACE DU THÉATRE-FRANÇAIS, 4

—

1873

Après les événements malheureux qui forment la page la plus triste, la plus sombre de son histoire, la France avait besoin, pour se relever, du concours de tous les dévouements, et l'œuvre de restauration nécessitée par les désastres de la patrie était l'honneur et le devoir de tous les partis. Le radeau de la République, seule forme gouvernementale alors possible, ayant recueilli les débris de ce grand naufrage, nous devions y vivre en paix, en étouffant nos dissentiments, et travailler tous ensemble à le diriger pour qu'il pût nous conduire au port où nous touchons enfin après de cruelles épreuves.

Après avoir assuré le présent, nous devons nous préoccuper de l'avenir et déterminer l'organisation politique qui présidera à l'évolution de nos destinées. Les pages qu'on va lire ne contiennent pas une étude complète, mais une simple exposition des principes généraux nécessaires pour éclairer la voie qui doit être suivie. Comme ils ont été démontrés avant moi avec une autorité supérieure à la mienne, je ferai de nombreuses citations et j'indiquerai, autant que possible, les sources où j'ai puisé les éléments de ce travail, qui n'est que le résumé de notes prises depuis longtemps, et que je publie sans autre prétention que celle d'être utile à mon pays.

# DU
# GOUVERNEMENT LÉGITIME
## DE LA
# FRANCE

---

## I

### LA NATION

Les hommes étant faits pour l'état social, et une sympathie irrésistible rapprochant les membres de la famille humaine dont l'union est ensuite cimentée par l'intérêt, on peut se demander quels sont les motifs qui s'opposent à l'existence d'une seule grande association. Les hommes, on l'a dit depuis longtemps et avec raison, pourraient, sans nul doute, ne former qu'une société générale, si, plus éclairés sur leur nature, ils étaient naturellement portés à suivre les règles de l'ordre, de la justice éternelle, si, placés sur une terre assez abondante pour leur fournir sans épuiser leurs forces, mais en leur procurant au contraire une occupation agréable, des productions suffisant à leurs besoins matériels, tandis que leurs besoins moraux seraient pleinement satisfaits par la possession d'un bien capable de remplir leur cœur, ils n'avaient qu'à se communiquer leurs affections, leurs plaisirs et leurs joies. Ils n'auraient alors d'autres règles gouvernementales, d'autres lois à suivre, que les déterminations de leurs volontés toujours droites ; ils n'auraient à subir d'autre souveraineté que l'autorité toujours sûre, toujours écoutée de leur raison et de leur conscience, et pourraient ne former qu'une grande société dans laquelle nulle erreur, nulle injustice ne viendraient troubler l'ordre. Mais il n'en est pas ainsi ; ils ne sont ni aussi parfaits, ni aussi heureux, et par conséquent une législation aussi naturelle, aussi simple, ne saurait leur convenir. Leur société ne peut se maintenir que par des moyens pris en dehors de l'ordre naturel. Il faut créer une foule de lois civiles pour régler et déterminer leurs droits ; il faut des lois pénales pour punir les perturbateurs de l'ordre ; il faut des lois de commerce, des lois de finances, des lois militaires ; il faut, en un mot, une machine gouvernementale très compliquée, qui, par conséquent, ne saurait embrasser une si grande étendue de territoire. Ajoutons que la diversité des climats, qui produit des différences dans le naturel des hommes, s'y oppose également. Divisés qu'ils sont de goûts, de caractère, d'intérêts, par les influences de climat et de position géographique, ils se partagent donc en plusieurs sociétés qui prennent diverses formes suivant les goûts, les intérêts, les caractères particuliers de ceux qui les composent.

Ainsi l'état social demande la division des hommes en sociétés particulières ou nations et les goûts, les intérêts particuliers résultant de l'influence du sol, du climat, de la position géographique, du voisinage des peuples, qui sont la cause qui fait la nation, constituent ce qu'on appelle le *caractère national*. Nation, qui vient du mot latin *natum,* ne signifie pas, en effet, seulement une réunion d'hommes plus ou moins nombreuse, mais une société d'hommes nés sous telles ou telles influences, et le caractère national est, pour chaque peuple, la règle de conduite qu'il doit suivre pour s'élever à l'état de prospérité et de civilisation qui lui conviennent pour assurer sa vie, son bonheur social. C'est la seule voie qui puisse le préserver des troubles, des commotions qui compromettent les intérêts des nations, le garantir de la ruine, de la dissolution. C'est sur le caractère national que doivent être fondées les lois constitutives et on ne peut les renverser, sans attaquer la vie sociale. Ajoutons qu'on n'atteint pas moins sûrement ce but en substituant à cette nationalité véritable, exprimée par des lois, fruit régulier et mûri de l'expérience des siècles, un droit fondé sur la majorité des volontés actuelles; car cette majorité peut vouloir l'injustice, l'immoralité; elle peut vouloir détruire son histoire, et, en fait, nous savons que poussés par la prévention, par l'intrigue, par l'impression du moment, etc., les citoyens appelés à voter prennent souvent des déterminations contraires au caractère national expression de leurs véritables intérêts.

Si le caractère particulier déterminé par les différentes influences que nous avons énumérées est la cause qui nécessite la division des hommes en nations, les lois fondamentales qui formulent ce caractère sont le seul moyen qui puisse réaliser l'existence de ces sociétés particulières. C'est seulement par les lois fondamentales que des individus en nombre quelconque peuvent former une individualité, un corps distinct d'autres individualités, d'autres corps composés également d'un nombre quelconque d'individus.

Premièrement, ce principe de la loi est le seul moyen d'unir de droit les différentes parties de la nation. Toute société suppose une unité, un lien, et, puisque la société est nécessaire, ce lien ne saurait résulter de la libre détermination des volontés. Ainsi les diverses parties d'un peuple ne peuvent à leur gré se séparer de la nation, se constituer indépendantes, ou s'agréger à une autre nation. Si ce droit était reconnu, aucune société ne serait possible, parce qu'il résulterait de ces divisions et subdivisions une perturbation continuelle dans la position des peuples, dans leur législation, dans tout ce qui constitue l'ordre social. De cette nécessité de faire de toutes les parties d'un peuple une individualité découle le principe de l'unité nationale, le besoin d'un lien national qui est la loi constitutive.

En second lieu, le principe de la légalité peut seul déterminer, préciser la nation. Si différentes causes produisent chez les habitants de chaque partie de la terre une différence de mœurs, un caractère particulier, et amènent la nécessité de partager les hommes en différentes sociétés, ces caractères n'ont rien d'assez positif, rien d'assez tranché, d'assez distinctif dans leurs délimitations, pour déterminer la nation d'une manière précise, tant sous le rapport de l'étendue, des bornes de son territoire, du nombre de ses membres, que sous celui des droits et des devoirs sociaux; chacun d'eux, suivant toujours dans ses modifications le sol et le climat qui le produisent, se perd d'une manière tout à fait insensible dans d'autres caractères, comme le climat s'unit d'une manière insensible à d'autres climats; il ne peut donc en aucune manière préciser les limites, l'étendue, l'individualité d'un peuple qui ne peut se décomposer, se recomposer continuellement suivant le caprice, les intérêts, les passions des individus. Il faut une base à la nation, il faut un lien qui en unisse les membres, qui en détermine et en précise l'étendue. Les lois fondamentales, fondées elles-mêmes sur le caractère national qu'elles ont ensuite fortifié et développé et dont elles sont ainsi devenues un des éléments, sont donc la forme, l'expression de ce caractère; seules elles produisent l'unité nationale et constituent l'unique lien qui puisse faire une même individualité de toutes les parties d'un peuple. Sans elles il ne peut exister aucun ordre; il n'y a plus de corps social et la voix même des majorités se faisant entendre en dehors du cercle qui lui est tracé par elles n'a aucune autorité, car, en ce cas, qui pourrait obliger une minorité, une ville, une province de se soumettre à cette majorité? De quel droit appartiendrait-elle à telle société plutôt qu'à telle autre? Otez les lois fondamentales, le caractère national n'a plus rien qui l'exprime avec précision, la société est sans lien, il n'y a plus de nation. Cette grande individualité se résout en autant d'individus qu'il y a d'hommes; le droit social a disparu; il n'y a plus que le droit naturel.

Ainsi, et je ne saurais trop insister là-dessus, car, s'il n'y a rien de plus usité , de plus souvent répété dans la langue politique que le mot nation, il n'en est peut-être pas sur le véritable sens duquel l'ignorance et l'erreur soient plus générales ; ainsi, dis-je, il ne faut pas entendre par nation l'universalité des citoyens considérés comme individus, sans aucun titre que leur nature d'hommes, sans unité, sans lien qui les associe de droit, qui en fasse un ensemble, un corps, une individualité. Ainsi une décision nationale n'est pas seulement celle de la majorité ou d'un nombre quelconque, mais la décision d'un corps, d'un être agissant d'après sa nature comme nation, c'est-à-dire conformément à ses anté-cédents, à ses usages, à ses intérêts, en un mot à sa natio-nalité fondée sur les influences de sol, de climat, de position géographique, conformément à sa constitution fondamen-tale qui formule et précise sa nationalité.

Le mot nation est donc celui dont on abuse le plus pendant les tourmentes révolutionnaires. Dans ces temps de désordre, la qualification de national est appliquée à tort et à travers : roi national, vœu national, tout est à la nation. Et cepen-dant c'est alors que, le caractère national n'étant plus con-sulté, le lien national étant rompu par la violation des lois constitutives qui résument toute la nationalité d'un peuple, c'est alors, dis-je, que la nation étant, pour ainsi dire, morte, le mot national devrait être supprimé du langage politique·

II


## LA LOI


Mais qu'est-ce que la loi? La loi est la décision d'une autorité qui commande à la conscience, qui soumet les volontés, qui détermine et prescrit le devoir. A moins de n'admettre que le droit de la force, cette définition me paraît devoir être admise. Dans quel principe réside cette force morale, cette sanction de la loi, cette autorité qui commande à la conscience? Serait-ce, comme une certaine école le proclame, dans la volonté de tous exprimée, à tous les instants de la vie d'un peuple, par le moyen des majorités numériques et qu'on a décorée du nom de *souveraineté du peuple?* Mais ce principe de la loi, qui n'est que la volonté du moment, exclut toute idée de constitution, de lois fondamentales, et il est aisé de voir que cette prétendue souveraineté du peuple n'est en réalité que l'absence de toute souveraineté, que la négation de tout peuple, et se résout en une liberté absolue pour chaque individu. En effet, dans ce système fondé sur l'indépendance et l'égalité naturelles, les décisions des majorités ne peuvent être considérées comme lois ou volontés générales qu'autant qu'elles ont l'assentiment indirect des minorités, c'est-à-dire que les minorités s'y soumettent plutôt que de rompre le contrat, le pacte social. Or, cet assentiment indirect, les minorités peuvent le refuser, et, si elles sont assez fortes, elles peuvent rompre le contrat social et se former en petites sociétés particlles. Il résulte donc de ce principe qu'un peuple, si la majorité n'abuse pas de sa force, si elle repousse le despotisme pour elle et l'esclavage pour la minorité, si elle agit conséquemment au principe qui fonde alors l'ordre social, il résulte, dis-je, de ce principe qu'un peuple doit naturellement se fondre en une foule de petites sociétés, se diviser et se subdiviser jusqu'à l'individu, jusqu'à l'anéantissement de toute société. Ainsi ce principe de gouvernement n'est en réalité que la négation de toute souveraineté, de tout peuple; un principe essentiellement anti-social et ne peut être appelé que par un étrange abus de mots du nom de souveraineté du peuple.

Disons maintenant que dans ce système destructif de toute autorité, de tout peuple, il n'y a pas de loi. En effet, outre qu'il n'y a rien de plus mobile, de plus changeant que la volonté des majorités, cette volonté même ne fait pas loi pour les minorités, quelque petites qu'elles puissent être, puisque toute minorité peut toujours, d'après le droit naturel, rompre le pacte social et former une société particulière, ou même un seul être indépendant. Et qu'on ne dise pas que ces décisions des majorités sont des lois pour chaque individu, obligent sa conscience tant qu'il demeure dans la société; car nul ne peut le forcer à abandonner le ciel sous lequel la nature l'a fait naître, et le champ qu'il a fertilisé par son travail. Il n'observe donc les lois de la société dans laquelle il se trouve qu'autant qu'elles lui paraissent conformes à l'équité naturelle; mais elles n'engagent nullement sa conscience; ce ne sont pas des lois proprement dites.

La souveraineté permanente du peuple ne peut donc être une autorité morale commandant à la conscience. Un sénat comme celui de Rome ou de Venise peut suffire pour conserver l'âme d'une nation; les institutions religieuses, sociales, pédagogiques des Grecs y suffisaient parfaitement, mais « ce qui ne s'est jamais vu, dit M. E. Renan, dans un livre récent dont j'aurai l'occasion de citer quelques pages (*la Réforme intellectuelle et morale*), ce qui ne s'est jamais vu, c'est le rêve des démocrates, une maison de sable, une nation sans institutions traditionnelles........ une nation fondée sur ce déplorable principe qu'une génération n'engage pas la génération suivante, si bien qu'il n'y a nulle chaîne des morts aux vivants, nulle sûreté pour l'avenir... »

Où trouverons-nous donc cette sanction de la loi, cette autorité capable de commander à la conscience? Dans la véritable souveraineté nationale qui a pour base, dans son exercice, les lois fondamentales, le lien qui unit de droit tous les membres d'un même peuple, et qui consacre l'individualité nationale. La loi est alors la volonté du corps social agissant d'après sa nature, suivant sa constitution qui en fait une nation, une unité, une individualité, selon ses formes nationales. Ce n'est que dans ce principe qu'il y a des lois, c'est-à-dire des volontés nationales, des déterminations prises par les membres de la société, d'après les formes gouvermentales, suivant les différents droits légalement constitués.

Ces volontés nationales sont des lois proprement dites, des lois auxquelles doivent se soumettre les volontés parti-

culières, puisque fondées sur le caractère national et identi-
fiées avec lui, elles sont précisément le lien qui fait la nation
et que la division des hommes en différentes nations est nécessaire à l'état social pour lequel ils ont été créés.

On peut dire encore que ces lois sont de *droit divin*, car
on doit faire remonter leur principe, leur moralité, leur force
d'obliger la conscience jusque dans la volonté de Dieu. En
effet, outre que seul il peut apporter des restrictions au droit
naturel, il a créé l'homme pour l'état social ; or, sans la division des hommes en nations, point de société possible, et
sans lois, expression de la volonté du corps social suivant
ses formes constitutives, point de lien national, point de
nation.

Les lois qui ont le caractère que nous venons d'indiquer
sont donc véritablement de droit divin. On exprime le plus
souvent par le mot *légalité* la conformité aux lois en général ;
la *légitimité* s'entend plus ordinairement du principe des
lois constitutives. On viole la légalité quand on agit contrai-
rement aux lois ; on détruit la légitimité quant on renverse
la loi ou une des lois fondamentales de l'Etat. Mais cette différence dans les mots ne touche pas aux choses quant au
fond ; car ce qui est illégal n'est jamais légitime et ce qui
est illégitime est souverainement illégal. Les mots *loi*, *légitimité*, *légalité*, qui ont la même étymologie, représentent
par conséquent trois choses qui reposent sur la même idée.

## III

## INDIVISIBILITÉ DU PRINCIPE DE LA LOI

Le principe de la loi est indivisible. Elle oblige sous le rapport politique ainsi que sous tous les autres rapports sociaux, car, au point de vue de l'organisation des pouvoirs politiques comme au civil, elle doit être conforme à la vérité éternelle, à la justice générale, et l'application de cette vérité éternelle, de cette justice générale qui varie selon les mœurs, le naturel, les intérêts nationaux, les différences de climat, de position, de population et d'étendue des pays, ne se saisit pas moins bien quant aux droits politiques que sous le rapport des droits civils, de la propriété et de l'hérédité. S'il était permis aux citoyens d'un État de s'affranchir de la loi politique, de la changer violemment, séditieusement quand ils la jugeraient peu conforme à la vérité, à la justice, alors il serait aussi bien permis à chacun de s'affranchir de la loi sous le rapport des biens matériels, s'il jugeait quelle manque de cette conformité. Mais si la loi est considérée comme la décision d'une autorité qui commande à la conscience, qui détermine le devoir, qui prononce souverainement sur les différentes applications de la justice, alors on doit s'y soumettre en politique tout aussi bien que sous le rapport des biens matériels. Se révolter contre les pouvoirs légitimes, c'est rompre le lien social, c'est violer la loi dans son principe, c'est renoncer au droit de poursuivre, de blâmer même les fraudes, les vols, les spoliations de toute espèce.

Dira-t-on, pour fonder le droit de propriété sur une autre base que le droit politique et pour scinder le principe de la la loi, que c'est le travail qui engendre la propriété ? Mais n'est-ce pas aussi sur le travail et le mérite, n'est-ce pas sur les services rendus que se fonde, dans les Etats, l'élection aux pouvoirs politiques ? Quant à l'hérédité, pourquoi exigerait-on plus de travail pour posséder le droit, de la part d'un prince, que du côté d'un homme indolent et paresseux que la mort d'un parent éloigné fait passer de la pauvreté à l'opulence ? Sur quoi donc est fondé le droit de cet homme si subitement enrichi ? Est-ce sur le travail ? Est-ce sur les droits imprescriptibles de la nature ? Non, c'est uniquement sur la loi, c'est sur le seul principe social. Pourquoi l'honnête homme vivant dans la dernière indigence, réduit, au milieu des richesses de la nature qui appartiennent également à tous, à se nourrir d'un pain noir qu'il arrose de ses sueurs, voit-il non seulement sans convoitise, mais encore avec calme et résignation, la fortune colossale dont une décision légale vient d'accroître les domaines de son riche voisin, homme dur, avare et vicieux ? Parce qu'il sait que l'auteur de la nature veut la société, que les différentes sociétés ne peuvent se maintenir sans le lien social, sans la loi ; que cette loi ne peut être que l'expression de la volonté du corps social procédant suivant les droits successivement, légalement constitués, qu'ainsi cette loi restreint ici réellement le droit naturel, fait l'application de la justice générale, détermine le devoir, règle et précise de véritables droits. Renversez donc cette base, rompez ce lien ; que vos lois perdent le caractère qui en fait l'essence, qui dérive de l'étymologie même du mot, qu'elles cessent de lier, qu'elles ne soient que les décisions de la majorité numérique, obligatoires pour toute minorité autant seulement que celle-ci leur donne un assentiment indirect, qui pourra alors empêcher cet homme, replacé ainsi dans la plénitude du droit naturel, de retrancher sa volonté particulière du faisceau des volontés libres de tous, de ne pas acquiescer à une loi de propriété ou de succession qu'il croira injuste, de s'en affranchir, non pas en quittant cette société, il ne peut le faire, il ne saurait d'ailleurs y être contraint, il est sur son sol natal, dans le champ qu'il a fertilisé de ses sueurs, non pas en la violant ouvertement, il serait puni ; il doit céder à la force ; mais en prenant furtivement à ceux qui sont dans l'abondance ce qu'il croit devoir constituer sa portion des biens de la nature ? Prendre ce qui est nécessaire à son bien-être en laissant cependant aux autres ce qui est indispensable au leur, voilà pour lui le code suprême, la justice véritable, la seule loi qu'il doive consulter.

Et qu'on ne dise même pas, pour avoir un prétexte de scinder le principe de la loi, que l'héridité du pouvoir dans les monarchies est préjudiciable aux nations ; car cela n'est pas vrai. On ne peut nier que, comme tous les gouvernements humains, la monarchie ait des imperfections. « Sûrement, dit M. E. Renan, les Etats qui font résider la conscience nationale dans une famille royale et son entourage ont des hauts et des bas ; mais prenons dans son ensemble

la dynastie capétienne qui a régné près de neuf cents ans ;
pour quelques périodes de baisse au xive, au xvie, au xviiio
siècles, quelles admirables séries au xiie, au xiiie. au xviie
siècles, de Louis-le-Jeune à Philippe-le-Bel, de Henri IV à
la deuxième moitié du règne de Louis XIV ! Il n'y a pas de
système électif qui puisse donner une représentation comme
celle-là. L'homme le plus médiocre est supérieur à la résul-
tante collective qui sort de trente-six millions d'individus,
comptant chacun pour une unité. » Il serait, en effet, contre
nature, dit le même écrivain, « qu'une moyenne intellectuelle
qui atteint à peine celle d'un homme ignorant et borné se
fît représenter par un corps de gouvernement éclairé, brillant
et fort.. Le collége, grand électeur formé par tout le monde
est inférieur au plus médiocre souverain d'autrefois... »

« La royauté, dit M. Guizot (*Hist. de la Civilisation en
Europe*), a joué un rôle immense dans l'histoire de la civilisation européenne... Si nous sortons de l'Europe, si nous
portons nos regards sur le reste du monde, nous serons
frappé d'un fait analogue ; partout nous trouverons la
royauté occupant une grande place, apparaissant comme
l'institution peut-être la plus générale, la plus permanente,
comme la plus difficile à prévenir là où elle n'existe
pas encore, à extirper là où elle a existé. De temps
immémorial elle possède l'Asie. A la découverte de l'Amérique, on y a trouvé tous les grands Etats, avec des
combinaisons différentes, soumis au régime monarchique.
Quand on pénètre dans l'intérieur de l'Afrique, là où se ren-
contrent des nations un peu étendues, c'est ce régime qui
prévaut. Et non seulement la royauté a pénétré partout,

mais elle s'est accommodée aux situations les plus diverses, à la civilisation et à la barbarie, aux mœurs les plus pacifiques, en Chine, par exemple, et à celles où la guerre, où l'esprit militaire domine. Elle s'est établie tantôt au sein du régime des castes, dans les sociétés les plus rigoureusement classées, tantôt au milieu d'un régime d'égalité, dans les sociétés les plus étrangères à toute classification légale et permanente... Il semble que ce soit une tête qui se puisse placer sur une multitude de corps différents, un fruit qui puisse naître des genres les plus divers. » M. Guizot conclut de là qu'il est impossible qu'un tel résultat soit le fruit du pur hasard, de la force ou de l'usurpation seule et qu'il est impossible qu'il n'y ait pas entre la nature de la royauté, condérée comme institution, et la nature, soit de l'homme individuel, soit de la société humaine, une profonde et puissante analogie.

Il n'existe donc aucune raison de scinder le principe de la loi : comme les pouvoirs politiques, la propriété, la succession des biens n'ont pour base que le principe des légitimités, que la loi sociale, que les décisions des pouvoirs légalement et successivement constitués, en remontant pour l'origine des sociétés jusqu'à la famille, premier anneau de la chaîne des droits sociaux.

## IV

## LE GOUVERNEMENT LÉGITIME DE LA FRANCE

Ces principes posés, il nous est facile de dire quel est le gouvernement légitime de la France, car nous n'avons qu'à interroger l'histoire pour trouver les preuves de l'existence d'une constitution antérieure à toutes celles que nous avons vu naître et mourir depuis quatre-vingts ans. Certainement elle n'était pas strictement libellée, mais l'Angleterre, le plus constitutionnel des pays, a-t-elle une constitution écrite? Elle n'en existe pas moins dans les mœurs et dans l'histoire, et pour prouver que la France non plus n'en était pas dépourvue avant la révolution de 1789, on n'a qu'à rechercher les opinions émises précisément à cette époque où tout fut remis en question. Qu'on lise les cahiers des divers bailliages, sénéchaussées et pays d'États du royaume, on y trouvera l'expression de l'opinion en France au moment où elle nommait ses représentants aux États généraux et où elle leur conférait des pouvoirs dont elle traçait les limites par des instructions que le mandataire ne devait pas transgresser.

Pas n'est besoin de reproduire ici tous ces cahiers. Quelques citations suffiront pour éclairer la question :

« Il existe une Constitution française »
(Cahier du Cotentin).

« Les malheurs qui affligent la France prennent leur source
dans les violations qui ont été faites aux lois constitutionnelles
du royaume, et aux droits imprescriptibles de la nation, qui en
font partie intégrante et essentielle. »

(Cahier d'Evreux).

« En matière de droit public, on doit parmi nous réputer et
tenir pour constitutionnel tout ce qui, n'étant pas contraire aux
droits inaliénables de l'honneur, aux principes nécessairement
inhérents à tout pacte social, s'y trouve consacré par de nom-
breux exemples, par de longs usages, par les faits et par la possession.

« Pour ôter désormais à l'esprit de système jusqu'à l'ombre du
prétexte pour attaquer l'existence de notre Constitution, l'As-
semblée donne mandat spécial à ses députés aux États généraux
de requérir qu'il soit expressément et solennellement proclamé :
Que la constitution de l'empire français a été telle, que son gouvernement est et doit rester monarchique; que la couronne y
est héréditaire et non élective ; que les femmes et leurs descen-
dants y sont exclus de la succession au trône; que cette succession est dévolue de droit et sans partage à l'aîné de la ligne
masculine ; qu'à lui seul appartient, sans dépendance, le droit
de régir et gouverner l'État, mais suivant et par des lois fixées
qu'il ne peut changer à sa volonté, d'autant que, suivant la

Constitution de ce même empire, deux causes y doivent toujours concourir à la formation et à l'abrogation de la loi : le consentement de la nation et le décret du prince, suivant cette maxime constitutionnelle et fondamentale, conséquente aux droits inaliénables de l'homme, et consacrée depuis longtemps dans les annales de notre législation : *Lex consensu populi fit et Constitutione regis.* »

(Cahier d'Alençon).

L'existence d'une constitution n'est-elle pas hautement proclamée dans ces cahiers ? En 1789, il s'agissait donc moins de créer ou de changer cette constitution que de déraciner les abus qui pouvaient l'avoir faussée, et aujourd'hui qu'on parle tant de liberté, il serait facile de montrer que dans cette constitution rentraient des franchises provinciales et communales qui n'existent plus.

La révolution de 1789 fut donc une faute, un crime de lèse-nation, et, pour appuyer une si malsonnante proposition à une époque où cette période de notre histoire est si admirée, je vais donner l'opinion d'un homme que j'aime à citer, précisément parce qu'il ne peut être suspect aux esprits dits libéraux : « Admirables assurément, dit M. E. Renan, furent les débuts de la Révolution, et, si l'on s'était borné à convoquer les États généraux, à les régulariser, à les rendre annuels, on eût été parfaitement dans la vérité. Mais la fausse politique de Rousseau l'emporta. On voulut faire une constitution à *priori*. On ne remarqua pas que l'Angleterre, le plus constitutionnel des pays, n'a jamais eu de constitution écrite, strictement libellée ; on se laissa déborder par le peuple ; on applaudit puérilement au désordre de la prise de la Bastille, sans songer que ce désordre emporterait tout plus tard. Mirabeau, le plus grand, le seul grand politique du temps, débuta par des imprudences qui l'eussent probablement perdu, s'il eût vécu ; car, pour un homme d'État, il est bien plus avantageux d'avoir débuté par la réaction que par des complaisances pour l'anarchie. L'étourderie des avocats de Bordeaux, leurs déclamations creuses, leur légèreté morale achevèrent de tout ruiner. On se figura que l'État, qui s'était incarné dans le Roi, pouvait se passer du Roi, et que l'idée abstraite de la chose publique suffirait pour maintenir un pays où les vertus publiques font trop souvent défaut.

« Le jour où la France coupa la tête à son Roi, elle commit un suicide. La France ne peut être comparée à ces petites patries antiques, se composant le plus souvent d'une ville avec sa banlieue, où tout le monde était parent. La France était une grande société d'actionnaires formée par un spéculateur de premier ordre, la maison capétienne. Les actionnaires ont cru pouvoir se passer du chef, et puis continuer seuls les affaires. Cela ira bien tant que les affaires seront bonnes ; mais les affaires devenant mauvaises, il y aura des demandes de liquidation. La France avait été faite par la dynastie capétienne. En supposant que la vieille Gaule eut le sentiment de son unité nationale, la domination romaine, la conquête germanique avaient détruit ce sentiment. L'empire franc, soit sous les Mérovingiens, soit sous les Carlovingiens, est une construction artificielle dont l'unité ne gît que dans la force des conquérants. Le traité de Verdun, qui rompt cette unité, coupe l'empire Franc, du nord au sud, en trois bandes, dont l'une, la part de Charles ou Carolingie, répond si peu à ce que nous appelons la France, que la Flandre entière et la Catalogne en font partie, tandis que vers l'est, elle a pour limite la Saône et les Cévennes. La politique capétienne arrondit ce lambeau incorrect, et, en huit cents ans, fit la France comme nous l'entendons, la France qui a créé tout ce dont nous vivons, ce qui nous lie, ce qui est notre raison d'être.

« La France est de la sorte le résultat de la politique capétienne continuée avec une admirable suite. Pourquoi le Languedoc est-il réuni à la France du Nord, union que ni la langue, ni la race, ni l'histoire, ni le caractère des populations n'appelaient? Parce que les rois de Paris, pendant tout le XIIIe siècle, exercèrent sur ces contrées une action persistante et victorieuse. Pourquoi Lyon fait-il partie de la France? Parce que Philippe-le-Bel, au moyen des subtilités de ses légistes, réussit à le prendre dans les mailles de son filet. Pourquoi les Dauphinois sont-ils nos compatriotes? Parce que, le Dauphin Humbert étant tombé dans une sorte de folie, le roi de France se trouva là pour acheter ses terres à beaux deniers comptants. Pourquoi la Provence a-t-elle été entraînée dans le tourbillon de Carolingie, où rien ne semblait d'abord faire penser qu'elle dût être portée? Grâce aux roueries de Louis XI et de son compère Palamède de Forbin. Pourquoi la Franche-Comté, l'Alsace, la Lorraine se sont-elles réunies à la Carolingie, malgré la ligne méridienne tracée par le traité de Verdun? Parce que la maison de Bourbon retrouva, pour agrandir le domaine royal, le secret qu'avaient si admirablement pratiqué les premiers Capétiens. Pourquoi enfin Paris, ville si peu centrale, est-elle la capitale de la France? Parce que Paris a été la ville des Capétiens, parce que l'abbé de Saint-Denis est devenu roi de France. Naïveté sans égale! cette ville qui réclame sur le reste de la France un privilége aristocratique de supériorité et qui doit ce privilége à la royauté est en même temps le centre de l'utopie républicaine. Comment Paris ne voit-il pas qu'il n'est ce qu'il est que par la royauté, qu'il ne reprendra toute son importance de capitale que par la royauté, qu'une république, selon la règle posée par l'illustre fondateur des États-Unis d'Amérique, créerait nécessairement pour son gouvernement central, à Amboise ou à Blois, un petit Washington.

« Voilà ce que ne comprirent pas les hommes ignorants et bornés qui prirent en main les destinées de la France à la fin du dernier siècle. Ils se figurèrent qu'on pouvait se passer du Roi; ils ne comprirent pas que, le Roi une fois supprimé, l'édifice dont le Roi était la clef de voûte croulait. » ( E. RENAN ; *La Réf. intellectuelle et morale.*)

# V

## CONCLUSION

Puisqu'une constitution ne s'écrit pas; puisqu'elle se fait et qu'elle est l'œuvre des siècles; puisque la Constitution française existe, que nous reste-t-il à faire? Uniquement les lois qui doivent la mettre en rapport avec les besoins d'une société renouvelée de fond en comble depuis près de cent ans. Nous n'avons qu'à reprendre l'œuvre de 1789 interrompue par la Révolution, et, pour cela, il est indispensable d'appeler notre collaborateur obligatoire :

LE ROI.

# TABLE




2291. 10. 73 — Boulogne (Seine). — Imp. JULES BOYER et Cie.